AF217099

LINA KOSTENKO

Ich bin all das,
was lieb und wert mir ist

Gedichte

Aus dem Ukrainischen
von Alois Woldan

Wieser *Verlag*

Dieses Buch wurde mit Unterstützung des
Übersetzungsprogramms Translate Ukraine veröffentlicht.

*

This book has been published with the support of the
Translate Ukraine Translation Program.

**UKRAINIAN
//IIIBOOK
INSTITUTE**

Wieser *Verlag* GmbH

KLAGENFURT/CELOVEC · WIEN · LJUBLJANA · BERLIN

A-9020 Klagenfurt/Celovec, 8.-Mai-Straße 12
Tel. + 43(0)463 370 36, Fax. + 43(0)463 376 35
office@wieser-verlag.com
www.wieser-verlag.com

Copyright © 2021 bei Wieser Verlag GmbH,
Klagenfurt/Celovec
Alle Rechte vorbehalten
ISBN 978-3-99029-496-3

Inhalt

Vorwort
»Ich bin ein Ritter, Dichter …«
Lina Kostenko zum 90. Geburtstag

Ich bin ein Ritter, Dichter und kein Tunichtgut.
Ich diene keinem fremden Herrn.
Im Glanz der Klinge lese ich ein altes Buch
Die Dame meines Herzens liebe ich von fern …
(Lina Kostenko, »Fast eine Übersetzung
aus dem Provençalischen«)

Lina Kostenko, Jahrgang 1930, gehört mehr als ein halbes Jahrhundert zu den Fixsternen am Firmament der zeitgenössischen ukrainischen Literatur. Man kann Bogusław Bakuła, einem polnischen Kenner des Werks der Dichterin, nur zustimmen, dass sie diese Position »nicht aufgrund radikaler Experimente noch aufgrund einer politischen Einstellung oder eines provokanten Lebensstils […]« erlangte, »sondern dank einer starken Persönlichkeit, einer prinzipiellen Haltung gegenüber jenem Opportunismus, der für die Mehrzahl der sog. sowjetischen Schriftsteller typisch war, sowie der Fähigkeit zu schweigen in Zeiten, da dieses Schweigen einer Absage an die Versuchung eines leichten Lebens um den Preis ideeller Zugeständnisse gleichkam. Sie ist allgemein anerkannt als eine herausragende Dichterin, welche über die Fähigkeit verfügt in ihren Texten die besten Züge der ukrainischen Dichtung zu versammeln und die schwächeren auszuscheiden.«[1] Ich gestehe, auch wenn ich die hier zitierte Ansicht voll und ganz teile, so kann ich mich dennoch des Eindrucks nicht erwehren, dass diese Charakteristik nicht

[1] B. Bakuła, Skrzydło Dedala. Poznań 1999, S. 129.

ausreicht, weil sie, so wie auch manche andere Versuche von Fachleuten, dem Phänomen Lina Kostenko nicht völlig gerecht wird.

Das Schaffen Kostenkos bildet ein sowohl vielseitiges wie auch harmonisches Ganzes. Sie hat viele Lyrikbände geschrieben, dazu zwei Versromane, einen Roman in Prosa, die »Aufzeichnungen eines ukrainischen Verrückten«, Filmdrehbücher; dazu kommen Übersetzungen aus der europäischen Dichtung, wie z. B. Gedichte der von ihr so geschätzten polnischen Dichterin der Zwischenkriegszeit, Maria Pawlikowska-Jasnorzewska. Lina Kostenko ist Trägerin zahlreicher renommierter literarischer Preise im In- und Ausland, darunter des Olena-Teliha-Preises, des Antonowycz- und Petrarca-Preises. Für ihre Verdienste um die Gesellschaft und Kultur der Ukraine wurde die Dichterin mit dem Orden des Präsidenten der Ukraine sowie dem Orden des Fürsten Jaroslaw d. Weisen ausgezeichnet. Frau Kostenko ist außerdem Ehrenprofessor der Kiewer Mohylanischen Akademie sowie Doktor honoris causa der Iwan Franko-Universität Lwiw. Ihre Texte wurden in viele Sprachen übersetzt, so auch ins Deutsche, Englische, Estnische, Französische, Italienische, Polnische, Russische, Slowakische und Weißrussische.

Lina Kostenko hat ihre ersten Gedichte Ende der 1950er Jahre veröffentlicht, 1957 erschien ihr Lyrikband »Erdstrahlen«, darauf folgten zwei weitere: »Windmühlen« (1958) und »Wanderung des Herzens« (1961). Als sie 1963 ihre nächste Sammlung, »Sternenintegral« veröffentlichen wollte, wurde das von der Zensur verhindert; das war eine Antwort auf das Engagement der Dichterin in der Oppositionsbewegung, die sich gegen die Unterdrückung aufmüpfiger ukrainischer Autoren durch die sowjetischen

Behörden richtete. Die Texte, die in dieser Sammlung erscheinen sollten, wurden verstreut publiziert. Ein ähnliches Schicksal hatte der Band »Fürstenberg«, den die Dichterin 1972 veröffentlichen wollte. So kam es, dass Lina Kostenko bis zum Jahr 1977 im offiziellen literarischen Leben zum Schweigen gebracht wurde und nur für die sprichwörtliche »Schublade« schrieb. Von den Empfindungen, die sie damals hegte, berichtet das Gedicht »Bis auf den Grund bin ich gesunken ...«:

Bis auf den Grund bin ich gesunken, über mir bleischwere
Wasser.
Der Weiden stille Schatten spülen den Weg fort vor
meinem Schritt.
Nach Atem ringend, wie der Freiheit Flamme unstet
flackernd
bin ich verstummt wie eine Glocke, die der Feind vom
Turme schnitt.

Im Sand vergraben, dass vielleicht später, in Zeiten,
die noch kommen
jemand an mich denkt, sich erinnert, und leise meinen
Namen ruft.
Fische, seltsam anzusehen, Betonreste in der Tiefe,
Wolken oben
all das schwebt über mir, schwimmt über mir in meiner
Wassergruft.

Meine Kirche seh ich träumend, träume von der
Kuppeln Gold,
von Kreuzen abgebrannten Glaubens in des
Himmels Weite.

Hier ist es eiskalt, aber der Boden ist von trügerischem
Sumpfe frei.
Ist doch die Tiefe nur der Höhe Schwester von der
anderen Seite.

Vergessen hab' ich meine Stimme, das Verstummen muss
ich lernen.
Über dem Fluss die Eisschicht – keine Welle, keine Wolke
kommt da auf.
Dafür ist eines sicher: vermodert sind die Stricke und kein
Glöckner wird,
wenn es nicht meine Ostern sind, an meiner Glocke zerren.

Im Zusammenhang mit dem erzwungenen Verstummen
der Dichterin sind viele Forscher der Ansicht, dass der
1977 erschienene Band »An den Ufern des ewigen Flusses«
einen Neustart der Dichterin bedeutet, der ihre poetische
Meisterschaft eindrücklich bestätigte und ihr damit einen
fixen Platz nicht nur im ukrainischen Parnass, sondern
auch unter den führenden Dichterinnen Ostmitteleuropas
einräumte. Ab diesem Jahr setzt eine Phase intensiver lite-
rarischer Veröffentlichungen ein, als wollte sie die verlo-
rene Zeit vergangener Jahrzehnte gutmachen. So erschie-
nen damals wichtige Texte wie der historische Roman in
Versen »Marusja Tschuraj« (1979), für den die Dichte-
rin mit dem Schewtschenko-Preis ausgezeichnet wurde,
die Lyrikbände »Unwiederbringlichkeit« (1980), »Garten
der unsinkbaren Skulpturen« (1987) oder »Auswahl«
(1989), in dem bereits deutlich der sich anbahnende
Untergang des Sowjetimperiums sowie die ihn begleiten-
den Veränderungen in Ost- und Mitteleuropa zu spüren
sind. Der Feder von Lina Kostenko entstammt auch einer

der eindringlichsten Texte über den Unfall im Kernkraftwerk Tschernobyl, das für die Dichterin, wie sie mehrmals bekräftigte, zum jenem Ort wurde, »wo die Ukraine starb«. Motive aus Tschernobyl sind in den Bänden »Fluss des Heraklith« und »Madonna der Wegkreuzungen«, aber auch im Roman »Aufzeichnungen eines ukrainischen Verrückten« oder im Band »Zone der Entfremdung«, der kurz vor dem zehnten Jahrestag der Katastrophe erschien, am deutlichsten präsent. Auf dieser Katastrophe basiert auch der Film »Tschernobyl. Leichenmahl« in der Regie von Roland Serhijenko. Tschernobyl wurde auch zu einem der Hauptthemen des öffentlichen Engagements der Dichterin, die an Expeditionen in das Krisengebiet zur Rettung von durch den Ausbruch bedrohten Kulturgütern teilnahm.

Die 1990er Jahre, so wie auch das 21. Jahrhundert, sind im Schaffen von Lina Kostenko reich an Publikationen, wie etwa dem Band »Intarsien« (1994) oder »300 Gedichte. Ausgewählte Verse« (2012). Parallel dazu erfolgte ein intensives Engagement in gesellschaftspolitischen Fragen, das sich mit den Stichworten »Ukraine« und »Ukrainer« überschreiben lässt. Die Dichterin ist weit davon entfernt ihr Volk zu idealisieren, im Gegenteil: sie ist eine moralische Autorität, die nationale Schwächen und Eitelkeiten erbarmungslos aufzeigt, nicht zum Zwecke eine bloßen Kritik, sondern um ihre Landsleute zur (selbst)kritischen Reflexion und zur Selbsterkenntnis zu veranlassen, um die durch jahrhundertelange Kolonialisierung seitens fremder Mächte (die Polnische Adelsrepublik, Österreich, Russland und die UdSSR) geschwächten Kräfte der ukrainischen Nation zu regenerieren. Dieser Gedanke ist auch in dem 1999 veröffentlichten historischen Poem »Berestetschko« nicht zu überhören, in dem Hauptheld, Hetman Bohdan Chmel'nyc'kyj, folgende Selbstanklage vorträgt:

Was wartest Du? Bei Gott auf welche Gnade?
Auf deinen Waffen wächst das Moos.
Und das ist alles. Eine solche Niederlage
macht hundert andere Siege ungeschehen.
Nacht ist's, bald wird der Morgen blenden.
Wer wird dir helfen, dummer Tor?
Der Zar aus Moskau, Fürst von Transsilvanien?
Der Khan der Horde? Der Karaiten List?
Sultan Mohammed? Kolben schwer von Mais?
Da liegt im Schmutz sie, deine Ukraine
lässt ihre Arme hängen, wie auf allen Wegen.
Was nun? Was tun, was neu beginnen?
Wo keine Macht, kein Heer, kein Siegel mehr.
Ist meine Schuld, ist MEINE Sünde vor den Leuten.
Und doch war alles nur für uns.
Warum denn haben wir verloren?

Im Sinn der erwähnten Rückbesinnung des ukrainischen Volkes auf sein eigenes Selbst lässt sich auch der Roman »Aufzeichnungen eines ukrainischen Verrückten« lesen, mit dem die Verfasserin an einen der wesentlichsten, wenngleich auch heikelsten und beschämendsten Punkte rührt, der aus dem öffentlichen Diskurs gern ausgeklammert wird, auch wenn es um ein zentrales Problem der Ukraine seit ihrer Unabhängigkeit geht: die Herausbildung der posttotalitären nationalen Eliten, seien es die politischen oder die intellektuellen. Dieser Roman hat seit seinem Erscheinen im Jahr 2011 eine Flut von kontroversiellen Diskussionen ausgelöst,[2] die allerdings nicht zur Entstehung von Werken in einer ähnlichen stilistischen Konvention, sei es in der Literatur, sei es im Film, geführt haben. In diesem Text schlägt Lina Kostenko apokalyptische Töne an, wenn sie rücksichtslos die geistige und intellektuelle Seichtigkeit und die politische und kulturelle Desorientiertheit der ukrainischen Eliten nach 1991 aufzeigt. In einem der vielen selbstkritischen, reflexiven Dialoge aus diesem Buch stellt der Freund des Haupthelden lautstarke Überlegungen an, ob »uns die Sowjetmacht zu dem gemacht hat, was wir sind, oder ob diese nur deshalb möglich war, weil wir so sind, wie wir sind«.[3] Kostenko geht auch unbarmherzig mit der inneren (Selbst)Kolonialisierung der ukrainischen Gesellschaft ins Gericht, die das Syndrom eines Nichterinnerns an die pathologische sowjetische Vergangenheit hervorgebracht hat. Diese Nichtabrechnung mit der Vergangenheit nach 1991 führte dazu, dass Prozesse der Dekolonialisierung des ukrainischen Bewusstseins ins Stocken kamen und solche einer prodemokratischen Transformation blockiert wurden:

Die Wirklichkeit, in der wir leben, ist pathologisch [behauptet der Protagonist – A.M.]. Pathologisch war auch die, in der wir gelebt haben. Interessant ist, dass die Menschen sich sowohl an diese wie auch an jene Wirklichkeit gewöhnt haben. Das Schlimmste an un-

---

[2] Vgl. dazu Je. Kononenko, Tekst bez kontekstu, in: Krytyka 2011, Nr. 3–4, S. 29–32.
[3] L. Kostenko, Zapysky ukrajins'koho sumassedseho. Kyjiv 2011, s. 239. Übersetzung von A.W.

serem Volk ist, dass es sich an alles gewöhnt. Es hat sich nun einmal daran gewöhnt, sich damit abgefunden, und braucht keine Veränderung mehr, will diese auch nicht. In der Tat mag unser Volk Veränderungen nicht und ist niemals dazu bereit.[4]

Die Autorin ist überzeugt, dass es dem ukrainischen Volk an Willen fehlte, mit der selbstkolonialisierenden Opferrolle, die erfolgloses Handeln rechtfertigt und Marasmus verzeiht, zu brechen. Deshalb breitet dieses Volk auch einen dichten Mantel des Vergessens und Verschweigens über unangenehme Fragen nach dem eigenen Nichtwollen und der eigenen Schuld in seiner Geschichte und umgeht mehr oder minder bewusst jene Orte des historischen und kulturellen Gedächtnisses, die davon zeugen, dass es auch Helfer eines imperialen und totalitären Hegemons, und oft auch dessen Scherge war.

Lina Kostenko ist zweifelsohne auch eine Meisterin des Denkens, deren a-typisches Werk die Zeitgenossen von Anfang an zu einem kritischen Blick auf die Vergangenheit inspirierte und zugleich zu einem konstruktiven Nachdenken über die Gegenwart im Namen einer besseren Zukunft. Um den Ukrainern die Erinnerung an ihre nationale und kulturelle Genese zurückzugeben, sucht die Dichterin unermüdlich, fast wie ein Don Quichote (vgl. »Ballade meiner Nächte«), nach ergiebigen und von ihrem Potential her belebenden geistigen Quellen des Ukrainischen, die ihrer Überzeugung nach in der slawischen Mythologie, der Geschichte, vor allem in deren mündlicher Überlieferung (die häufig der offiziellen Variante

---

[4] Ibidem, S. 54.

entgegensteht), wie sie von der Folklore und den historischen Liedern präsentiert wird, in vergessenen alten Büchern und generell im kulturellen Gedächtnis zu finden sind. Aus diesem Grund kommt der Figur der Marusja Tschuraj, der Titelheldin des gleichnamigen Poems von 1979, einem der vielen, aber vielleicht dem wichtigsten Alter Ego der Dichterin, eine Schlüsselfunktion zu. Hier handelt es sich um eine halb legendäre Sängerin, die die Geschichte ihres Volkes in Form von Liedern erzählt (»Dieses Mädchen ist nicht einfach nur Marusja. Es ist unsere Stimme. Es ist unser Lied, unsere Seele«). Damit bringt die Dichterin auch zum Ausdruck, dass das poetische Wort als Träger ewiger Wahrheiten einen wichtigen Raum des Dasein schafft – des dauerhaften Daseins im geistigen Erbe des Volkes; einen Raum, der dann besonders wertvoll ist, wenn es sich dabei um den einzigen möglichen Raum der Freiheit handelt und alle anderen Räume von einer totalen Macht absorbiert werden. In jedem Fall aber macht Lina Kostenko in ihrer Dichtung deutlich, dass das geistige Leben des Volks sich nur in einem Raum entwickeln kann, der als Raum einer freien Kultur den ungezwungenen Austausch von Gedanken ebenso ermöglicht, wie eine wechselseitige Inspiration innerhalb einer und zwischen den Generationen, kreative Umgestaltung, Be- und Anreicherung durch das Erbe vorhergegangener Generationen, die zum Katalysator der eigenen Entwicklung werden.

Dieses Nicht-Epigonentum in geistiger, mentaler, ideeller und formaler Hinsicht wird zum zentralen Credo der Dichterin, die von Beginn ihrer Tätigkeit an unablässig an der Perfektionierung ihres Stils arbeitet, dessen größte Werte im ebenso treffsicheren wie lakonischen Ausdruck,

der Klarheit des Gedankens, der Fähigkeit zur realisti-
schen Beobachtung, der Ironie, dem Nichtsagen, der
Unverwechselbarkeit und vor allem des mit einem intel-
lektuellen Anspruch formulierten Gedankens liegen. Im
Kern dieser Gedanken steht das Gedächtnis, das kollek-
tive wie das individuelle, als wichtigstes Baumaterial der
Geschichte des Individuums wie auch des ganzen Volkes,
denn nach der Auffassung der Dichterin verwirklicht sich
die große Geschichte im kleinen Schicksal des Individu-
ums (vgl. die Gedichte »Ich liebe die Legenden unserer
Heimat«, »Fröhliche Erscheinungen der Urgroßmutter«,
»Gotteshäuser«, »Abendrot, Morgenrot, dazwischen
goldener Tag«), dessen Leben ganz im Geist des Huma-
nismus höchsten Wert besitzt:

Tal der Tränen, du meine Erde, mein Planet,
blauer Stern im Fluss der Zeiten,
weiße Welt, die ihre Netze um mich legt –
ich leide, vergehe, aber ich lebe weiter!

Ich leide, ich lebe, muss vergehen zu guter Letzt
gepriesen sei der Schmerz, den die Netze bereiten
der Mensch, der im All nur ein Quäntchen Wärme besetzt
im Weltall – im Planetarium der Gezeiten.

Man darf nicht vergessen, dass Lina Kostenko über eine
ebenso große Meisterschaft im Bereich der intimen Lyrik
verfügt, deren Charakter Wolodymyr Pantschenko tref-
fend mit »eine Sinfonie der Gefühle« charakterisierte, die
aus »Licht, Unfreiheit, Raserei, Krankheit, Traum und
Bezauberung [...]« besteht. »Da ist Selbstentsagung und

Verzweiflung, Trost und Trauer, Ratlosigkeit und Kraft, die Niederlage des Verstands und eine unendliche Sensibilität, hervorgerufen vom Einklang zweier Seelen, die aufgebrochen sind, um einander zu treffen.«[5] Liebe ist für das lyrische Subjekt in der Dichtung Kostenkos das tragfähigste Netz, mit Hilfe dessen der einzelne Mensch zunächst die Verbindung mit dem anderen aufrechterhält, wie z.B. im Gedicht »An deiner Stimme satt mich zu trinken«:

An deiner Stimme satt mich zu trinken,
in diesem verliebten Strom zu versinken
von dessen Freud und Leid berauscht
von seiner Verrücktheit betrunken.
Erstarren, ohne zu atmen, erlauscht,
und plötzlich den Gedanken fallen lassen.
Die Pause aus der es keinen Ausweg gibt
zu retten mit einem seichten Witz.
Die Worte zu spannen wie einen Bogen
um das Ziel zu treffen noch im Flug,
die Qual die nicht zu entziffern ist
die Stummheit die sich nicht abhalten lässt.
Sich frei und unabhängig geben,
im Schweigen übertreffen. Wer besiegt wen?
Und so ungeschützt und unbegrenzt bewegen –
warten auf deine Stimme!

Die Liebe stellt aber auch die Verbindung zur Natur, zur Welt, zum Kosmos her, wie das etwa im Gedicht »Seit

[5] V. Pančenko, Poezija Liny Kostenko. Kirovohrad 1997, S. 27.

Kindestagen lieben mich die Bäume alle« zum Ausdruck kommt:

Seit Kindestagen lieben mich die Bäume alle
und es versteht der Gott des Flieders mich, der Pan,
sodass die Weide, glänzend von Kristallen
mir ihren Gruß sagt, durch den Tann.

Warum erwarten mich die Wälder wieder
und wollen Sommerlicht und Morgenröte zeigen?
Ich liebe sie. Ich kenne ihre Lieder
ich spreche ihre Sprache auch im Schweigen.

In dieser intimen Lyrik, die mit höchst rigoroser Expressivität formuliert ist, zeigt sich der tief existentielle Zug in der lyrischen Kunst der Dichterin am deutlichsten; sie will, so wie einst die antiken Philosophen, von denen Heraklith ihr am nächsten steht, Hilfe leisten, wenn es gilt den Paradoxa des Lebens, allen voran den verworrenen Rätseln des menschlichen Schicksals, die Stirn zu bieten. Sie will dort Hilfe leisten, wo sich der Mensch mit zwei Extremen konfrontiert sieht, die es immer wieder zu versöhnen gilt: Leben und Tod, Liebe und Hass, Freude und Trauer, Ekstase und Schmerz, Harmonie und Dissonanz, Anfang und Ende, auf dass dieses wieder zum Anfang werden kann, Universalität und Individualität, Geschichte und Alltäglichkeit, Erinnerung und Vergessen, Ewigkeit und Vergänglichkeit. Davon spricht die Dichterin eindrucksvoll im Gedicht »Und wieder ein Prolog«:

Und wieder ein Prolog

Der Tag ist mein, der Augenblick, die Ewigkeit zu
                               guter Letzt.
Das Glück war mein, ich hab gegen das Unglück
                                es getauscht.
Hab mit dem Blau der Regengüsse hundert Mal
                                dich benetzt
ging hundert Mal als Hyazinth der Sonne über dir ich auf.

Wir stehen, ich und du, uns wehrlos gegenüber
und unsere Liebe gleicht dem ersten Abendmahl.
Ein jeder Morgen wurde Nacht, die Nacht floss in den
                                Tag hinüber.
Ein jeder Tag vom Glück ein bitterer Vorgeschmack.

Und jetzt? Mein Herz wird ewig Qualen leiden.
Meine Erinnerung versengt am Glutherd meiner Gram.
Wenn du nur wüsstest, wie so unerträglich süß ich
dich liebgewonnen hab' von Anfang an.

Für Lina Kostenkos Schaffen ist die existentielle Verbindung von Vergänglichkeit und Ewigkeit besonders wichtig, denn sie spiegelt die von der Dichterin Zeit ihres Schaffens konsequent gepflegte Dialektik der Einheit der Zeit wider, der zufolge das, was ewig ist, aus dem entspringt, was nur zeitlich ist:

Die Zukunft hat begonnen schon vielleicht
sie ist schon da, pass auf, dass du sie nicht verpasst!
Auf das, was unvergesslich ist, vergisst man leicht
es ist vom Reif schon eingefasst.

Was kostbar ist, das sollst du nicht entwerten
und in der Menge verlier' nicht dein Gesicht
das Unverwechselbare sollst du nicht eintauschen
für das, was hundert Mal ersetzbar ist!

Frondisten, Girondisten sind schon lang verschwunden,
was laut und ruhmreich ist, vergeht.
Wenn du der Mona Lisa Lächeln hast gefunden,
dann hast du etwas, das besteht.

Das Gras zu lieben, das ein Teil der Schöpfung ist,
die Sonne dann, das Licht des nächsten Tags.
Den Funken, der in des Abends Asche nicht verlischt,
das edle Pferd und seinen leichten Trab.

Wenn du im Zug fährst blitzesschnell,
wenn das Verschwinden unvermeidlich scheint
denk an ein Marienbild von Raffael,
das aus der Zeit blickt in die Ewigkeit

In Zeiten des Spitzensports und der Synthetics,
wo die Menschheit förmlich explodiert,
bedarf es wohl des Fingerzeigs der Ethik,
der Herz und Lippen gleichermaßen rührt.

Im Rahmen dieser symbiotischen Opposition greift die
Dichterin zurück auf drei fundamentale Größen, die das
Fundament ihres Schaffens bilden: Historismus, Mytho-
logie und Intertextualität. Diese Größen sind es, die den
Reichtum an Themen und Bildern im Werk der Autorin
zur Folge haben, gleich ob diese aus der Bibel, der antiken
oder slawischen Mythologie, der Folklore, der ukraini-

schen oder Weltgeschichte und Kultur, oder auch aus der Weltliteratur verschiedenster Epochen (Altertum, Renaissance, Barock, Romantik, Aufklärung) stammen. Diese Breite verleiht dem Werk auch seine universale Geltung.

Die erwähnten Besonderheiten sprechen auch für die weltanschauliche Position der Dichterin, die sich im Umkreis der Autoren der 1960er Jahre herausgebildet hat, wo die Zugehörigkeit der ukrainischen Literatur und Kultur zur europäischen Tradition besonders akzentuiert wurde. Diese Tendenz ist als eine Geste des Widerstands gegen die Trägheit der damaligen, vom sozialistischen Realismus dominierten ukrainischen Kultur, wie auch gegen das Sowjetregime zu sehen, das im Sinn einer totalen Unfreiheit bemüht war, mit dem Argument der internationalistischen Homogenisierung die Ukrainer von ihrer eigenen kulturellen Tradition abzuschneiden, und sie aus dem Erbe jener Zivilisation, die zur Herausbildung einer speziellen ukrainischen Identität geführt hatte, zu entwurzeln. Es waren die Vertreter der Generation der 1960er Jahre, zu deren größten Dichtern neben Lina Kostenko auch Mychajlyna Kocjubyns'ka, Iwan Dzjuba, Iwan Dratsch, Dmytro Pawlytschko, Jewhen Swerstjuk, Iwan Switlytschny, Iwan Holoborodko, Wasyl Symonenko, Wasyl Stus und Ihor Kalynez gehörten. Im Geist des Tauwetters nach Stalins Tod bahnten sie den Weg zu einem von der sowjetischen Zensur verbotenen Wissen um die Geschichte der ukrainischen Kultur, um Ereignisse, Persönlichkeiten und Themen, die sie auf den Seiten ihrer Bücher »von den Toten auferstehen« ließen und damit zur Wiedergeburt der ukrainischen Kultur beitrugen. Allein die Zugehörigkeit zu dieser Generation ist zu wenig, um dem poetischen Genie der Dichterin gerecht zu werden.

Schon seit ihren ersten Anfängen überschritt Lina Kostenko jegliche Schemata, sei es, was das Niveau und die Qualität der philosophischen Reflexion, aber auch was die Tiefe des ästhetischen Erlebens und die Virtuosität der Form angeht. Das schließt aber nicht aus, dass der ideologische Diskurs dieser Generation, die ein Rittertum des Geistes favorisierte, auch in den Texten von Lina Kostenko über alle Jahre hinweg präsent ist. Das zeigt sich vor allem auf der ethisch-moralischen Ebene, wo die Dichterin das lyrische Subjekt ihrer Texte in Konfrontation mit den Dilemmata der Zeit, in der es zu leben hat, zeigt. Ein schönes Beispiel dafür ist das schon zu Beginn als Motto zitierte Gedicht »Fast eine Übersetzung aus dem Provençalischen«:

Ich bin ein Ritter, Dichter und kein Tunichtgut.
Ich diene keinem fremden Herrn.
Im Glanz der Klinge lese ich ein altes Buch
die Dame meines Herzens liebe ich von fern …

Wenn mir auch nicht die Freunde fehlen,
so weiß ich dennoch, was die Liebe ist.
Will nicht im Wirtshaus lang davon erzählen,
wie ich zu ihr mich in die Kemenate schlich.

Er ist der König, wir sind die Vasallen,
auch ich bin sein Vasall, es musste wohl so sein.
Mit einer Ode wollte mancher ihm gefallen,
nur ich schrieb kein Gedicht, stimmte ins Lob nicht ein.

Auch wenn ich mit dem König nicht in Frieden lebe,
weil ich zu seinem Ruhm nicht Oden schreiben will,

so will ich doch den Freunden nicht nach ihrem
                              Munde reden
mit ihnen lästern: Der König ist ein Dummkopf – still!

Ich lassen mich nicht kaufen, nicht verkaufen,
die Seele biete ich am Markt nicht an für Geld.
Ich schwöre nicht, weil ich auch nicht verrate,
das hab' in mancher Schlacht ich unter Beweis gestellt.

Viel bin ich durch die weite Welt vaziert,
nun bleib' ich hier, es gibt kein besseres Land für mich.
Ich habe keine Angst vor dem, der in den Schenken
                              denunziert,
denn alles, was ich denke, sag' ich dem König ins Gesicht.

Die Ebene, auf der sich der Einzelne mit den Herausfor-
derungen seiner Zeit messen muss, ist für die Dichterin
die Kultur, die, wie sie häufig in ihren Interviews beton-
te, für sie ein elementarer Faktor der »Humanisierung des
Lebens« ist. Dieser Zugang erinnert an eine große Vor-
gängerin von Lina Kostenko, Lesja Ukrajinka, die an der
Wende vom 19. zum 20. Jahrhundert wirkte. Ihre Gestalt
und ihr Werk, die ihrer Zeit voraus waren, stellt einen
Schlüssel zu jener Bedeutung und Rolle, die Lina Kostenko
der Frau zuspricht, dar – sie ist die Kraft, die das Leben
des Volkes sowie die von ihm geschaffene Kultur erbaut
und erhält. Aus der dialogischen Faszination am neo-
romantischen Erbe von Lesja Ukrajinka leitet sich eine
Reihe von Fragestellungen für die Dichtung Lina Kostenkos
ab, die gekennzeichnet ist durch die Reflexion über und
das Bedürfnis nach einer Antwort auf die Frage nach dem

Verhältnis von Künstler und Herrscher, von Künstler und Gesellschaft. Deshalb finden sich auch im Werk unserer Dichterin viele Texte, die außergewöhnlichen Persönlichkeiten aus Literatur, Kultur und Kunst gewidmet sind, deren Schicksal zum Modell für wichtige moralisch-ethische Fragestellungen wird (dazu gehört der bereits erwähnte Don Quichote, aber auch Faust, Prometheus, Sisyphus u. a.). Mit diesem Gedanken rührt die Dichterin an archetypische Bilder, die Träger der nationalen Mentalität sind – unter ihnen kommt der Figur des alten Weisen eine Vorrangstellung zu, und auch der des Denkers, der häufig die Gestalt des wandernden ukrainischen Philosophen aus dem 18. Jahrhundert, Hryhoryj Skoworoda, annimmt (vgl. »O nein, noch ist es früh an alles das zu denken ...« »Marusja Tschuraj«). Aber auch der Kobzar taucht auf, in Anlehnung an Taras Schewtschenko als den geistigen Vater der ukrainischen Kultur (z. B: »Kobzar, du sollst wissen ...«, »Banne mich, du Zauberer«, »Der Kobzar sang in der Wüste von Kosaral« u. a.)

Das Schaffen von Lina Kostenko, auch wenn es sich einer klaren, kommunikativen Sprache bedient, »einfach« im Bereich der Syntax und der Bilderwelt, ist dennoch keine einfache Lektüre und verlangt vom Leser ein gehäuftes Maß an literarischer Kultur. Aber auf den, der imstande ist Kostenkos intellektuellen literarischen Kosmos, ihre äsopische Sprache, ihre Kunst poetischer Allusionen und raffinierter Subtexte zu dechiffrieren, warten Genuss und Genugtuung, die aus dem Umgang mit Kunst allerhöchsten Ranges kommen, die von der Leier des Orpheus inspiriert ist.

Mit ihrem einzigartigen Werk erinnert Lina Kostenko an große Vorgänger: die schon erwähnten Taras Schewtschenko und Lesja Ukrajinka, an Iwan Franko und die Kiewer Neoklassiker, aber auch an bekannte polnische Nobelpreisträger wie Wisława Szymborska und Czesław Miłosz. So möchte ich mit Worten von Czesław Miłosz, der so viel mit Lina Kostenko gemeinsam hat – »eine tiefe Liebe zur Welt ohne Rücksicht darauf, was sich dort tut, als die Kehrseite eines Bewusstseins von der Vergänglichkeit aller irdischen Dinge«[6] – so hat das Kaziemierz Wyka in Bezug auf Miłosz ausgedrückt – der Jubilarin meinen tiefen Dank aussprechen für ihren unschätzbaren Beitrag zur Inspiration der Vorstellungskraft und für ihren unermüdlichen Appell an das ethische Gewissen der Leser seit mehr als sechs Jahrzehnten.

Manchmal verweht der Wind die
Trauer, die vorübergeht.
Wärmt mit seinem Atem die Hände
und verjagt alle Sorgen.
Dank also dem Wind, dass er weht.

Manchmal klopft der Regen an die Scheiben
glänzt ein Blatt, das in der Nässe keimt;
leichter verschleiern Tränen die Sehnsucht,
Dank also dem Regen, dass er Tränen weint.

Manchmal entfacht die Sonne im Garten
des Sommers üppige Farbenpracht;
entzündet Funken auf den Blütenblättern;
Dank also der Sonne, dass sie vom Himmel lacht.

[6] K. Wyka, Ogrody lunatyczne i ogrody pasterskie, in: idem, Rzecz wyobraźni. Warszawa 1977, S. 265.

Manchmal aber schenkst du mir ein Lächeln,
und grau-blauer Gram löst sich auf in Nichts;
du stehst auf der Schwelle, Sonne in den Augen,
Dank also an Dich, dass es Dich gibt ...

Wrocław, 15. Juni 2020
Angieszka Matusiak
(Universität Wrocław)

* * *

Hab, Abendsonne, Dank für diesen Tag!
Für die Ermattung, die mich jetzt begleitet.
Für diesen lichten Wald, den ich nicht missen mag
und für die Kornblumen im goldenen Getreide.
Für deine Morgenröte und dein Abendlicht,
Für jeden Abglanz, der den Horizont versengt.
Dafür, dass wieder mir das Morgen grünt,
das Gestern seinen Klang mir nicht verdrängt.
Hab Dank für einen Himmel, der im Himmel ist,
und dafür, dass die Kinder lachen; ich danke dafür,
dass ich danken kann, und dass ich danken muss
und dass es Menschen gibt, die ihre Seele sich bewahrten.
Dafür, dass jedes Morgen seinen Sinn erwartet,
dass irgendwo auf dieser Welt heut noch kein Blut
                                        geflossen.
Hab Abendsonne, dank für diesen Tag, für dieses Wort,
wie ein Gebet, zu dem wir greifen, unverdrossen.

* * *

Laut hat der Frühling aufgelacht – los, es ist Zeit! –
Dem Schwarzen Weg nach, und dem großen Zug
schau hin: da gehen sie die Ahnen nah und weit
hinter der Zeit einher als wäre es der Pflug.

Auf Wiesenstreifen folgen Wiesen, Streifen
dem Schwarzen Weg nach und dem großen Zug.
Wie sie schon nach dem Nebel greifen
hinter der Zeit einher als wäre es der Pflug.

Wie schwer ist in der Ewigkeit des Gehens Last!
Dem Schwarzen Weg nach und dem großen Zug.
So jung, so ungebunden, ausgelassen, ohne Hast –
Geh' denn auch ich hinter der Zeit einher, hinter
       dem Pflug?!

Was seh' ich dort? Was säe ich am Wege?
Am Schwarzen Weg, am großen Zug?
Greift meine Hand auch irrend nach dem Nebel
so geh' ich doch hinter der Zeit einher, als wäre es
       der Pflug …

* * *

Ein Augenblick, der dich aufrütteln könnte:
Du siehst die Welt als wie zum ersten Mal.
Des Herbstes Nässe, Dunkelheit und Kälte
auf einmal weggewischt von einem lichten Strahl.

Da stehst du, kläglich, in des Märchens Hallen,
der Seele Blick durchschaut den Weltenlauf.
Es stöhnt ein Zweig, schon ist die Maske vom Gesicht
gefallen,
überall leuchtet das Sein, der Dinge Wesen auf.

Geborgen bist du glücklich im Jahrhundert,
das über dich hinaus ins Blaue wächst.
Wo die Erinnerung sich Bahn bricht ins Unendlich
und erst von dort zurück dich blicken lässt.

* * *

Weiten,
     Weiten,
         Weiten,
         die keine Bedrohung zulassen
               nur etwas Einfaches bereiten
                  wie wenn die Gräser reifen
               nur etwas Wunderbares
                  wie es die Musik ist
                        ohne Narrheiten
               und ohne Worte
                  von denen zumindest eines
                  unsterblichen Sinn enthält.

* * *

Vergeudet ist der Tag ich suche immerfort
den stummen Grund im abendlichen Dunkel.
Vom Reim gezügelt ist das tolle Wort,
ich fliege auf hoch in die Nacht und bin vom
                                        Wort betrunken.
Im Suff ist mir des Lebens Grund entschwunden,
ich werde Sisyphus, ein Schwindler, Alchemist.
Mein Wort in ungewohnte Schuh' gezwungen
aus denen Blut auf die Absätze fließt.
Sie brennen, stürzen ein wie Türme,
werden von Blinden abgetastet hinterher.
Es ist, als ob es keinen Brand gegeben
und nur das bisschen Asche in der Hand geblieben wär.

Van Gogh

Du meine Einsamkeit, sei mir gegrüßt!
Der Kälte Kalt, der Stille Schweigen.
Mit einem Auge blickt der Himmel ein Zyklop
von oben auf die Stadt Paris.
Treibt an den Rand mich meiner Qual
der gestern ich noch König über alle war.
Und heute legt die Asche von dem Brand
sich auf der Farben Glut.
Tot sind die Farben.
Ihr Hände – Zöllner aus der Schrift!
Auf Staffeleien ist die Welt ans Kreuz geschlagen.
Und ich – ein Grabstein auf dem Gottesacker.
Zypressen flammen auf ins Firmament.
Der Himmel ist von Wolken voll zum Bersten,
wie Hunde jagen Pinsel fort behänd.
Ein chthonisch schwarzes Beben aus der Erde
bricht den Gebirgen ihren Grat.
Der Fluss ist mir ein fließendes Gewölbe.
Ich bin ein Hirt, der seine Bäume weidet.
Der in des Tages Taschen
mit Duldsamkeit geflickt
die Fäuste bis zum Tod hin ballt.
Vereinsamt und nicht zu vereinen –
      Nicht Cezanne – nicht Gaugin – nicht Mané
      Was aber soll ich tun
da in mir so viel von mir ist?!
Von Gott verlassen ist er, wie man sagt, verlassen!
Mag sein – doch er – bin ich, das bin doch ich.
Von Gott – verlassen …
Mein Gott – so bin ich frei!
Nun, meine Freiheit – lebe wohl!

* * *

Noch gestern war ich wie ein Turm, der in die Höhe strebte,
es fehlte nur ein bisschen bis zum Zenit.
Dann plötzlich kam der Einbruch, alles brannte, bebte,
es bröckelte der Stein, es war nicht länger mehr Granit.

Nichts als Verzweiflung und ein Trümmerhaufen!
Unter der Trauer Asche begraben liegt der Weg.
Verstört sind meine Freunde, haben sich verlaufen.
Nicht aufgegangen ist das Wort, das ich gesät.

Wir Unglücksopfer wollen eine neue Hütte bauen
über des Himmels Hütte, seinem blauen Zelt.
Die höchste Kunst ist auf den Anfang zu vertrauen,
das Leben, das Verstehen, den Weg und auf sich selbst.

* * *

Abendrot, Morgenrot, dazwischen goldener Tag,
es weinen, beten weiße Rosen.
Vielleicht bin ich es, du, wer immer es sein mag
der dort im Garten sitzt, verlassen.

    Vielleicht auch weint er, wartet dann vielleicht,
    hat einen Schritt vernommen, das Knarren einer
                                  Pforte.
    Erhebt vielleicht sich, beugt demütig
    sich an der Tür zum Garten ohne Worte.

Wo sind die Menschen, die hier weilten, gingen?
So unermesslich groß ist unsre liebe Welt!
Die Trauer uns'rer Enkel ist nur ein Tanz von Bienen,
ein Bienentanz vor unsterblichem Feld.

    Kann sein, dass tausend Jahre noch vergehen müssen
    bis ich oder nicht mehr ich, erstanden aus den Genen,
    nach Spuren suchen werde hier auf dieser Erde
    von meinen Ahnen, in Klagen und Legenden.

Was ist es, dass der Brunnen seine Stimme verlor,
der Maulbeerbaum seine Arme lässt sinken?
Die Fenster vernagelt sind, ein Schloss davor –
Ein rostiger Ring in den Klauen der Klinke.

    Weiße Mauer, an der Schlammspritzer kleben.
    Wer jammert in diesem Hause bei Nacht?
    Vielleicht ist dort nur die Einsamkeit am Leben
    und schiebt der Leere Brot ins Ofenloch.

Ist unser Schmerz es, unsere Schuld vielleicht,
Balsam, der die Qual vernachlässigter Seelen lindert –
woran uns der Brunnen, das Fenster zugleich
mit dem Weg und dem Birnbaum erinnert.

Es klagt das Haus, beklagt die Leere.
Der Garten klagt, vermisst sein gold'nes Laub.
Die Nacht ist stumm, ist taub, mit Herbsteshänden
hält mit dem Mond sie Zwiegespräch, vertraut.

Und Wolken ziehn vorbei, vorbei sie ziehn.
Kalt tönt die Leere klagend im Kamin.
Der Mond ein weißgeschminkter Mime
wie schwarze Brauen lasten Wolken über ihm.

Qualvoll krümmt sich das Ikebana der Weiden.

Wir werden verschwinden, wie die Etrusker und Azteken.

Vor kurzem hat in Tschernobyl ein wilder Eber
die Straße überquert vor der Apotheke.

Menschen sind nicht mehr, aber die Apfelbäume blühen.
Tot sind die Flüsse, die sich wie Quecksilber ziehen.

Am Pripjat-Ufer schläft der Teufel,
getarnt in einer Weide hohlem Stamm,
am Ufer eines Flusses, der einst leise
und blau durch grüne Wiesen rann.

Die Kerze des Reaktors wirft ein schwarzes Licht.
Die Dörfer liegen arm und elend ihm zu Füßen,
dem, der mit Klauen sich im Sand verbissen.
Und aus dem Astloch pfeift der Wind ihm ins Gesicht.

Mit seinen Flüchen hat die Häuser er entehrt
gestohlen die Ikonen – den Atemschutz vermisst.
Jetzt sei ihm eine Pause nicht verwehrt,
in seinem Reich, wo er der Kaiser ist.

Der schwarze Meiler ist ihm Hölle, ist ihm Thron
da schläft er auf dem Sand, die Pose wie gewohnt.
Im Traum sieht er ein Land, von Raben nur bewohnt,
in schwarzer Aureole – die ganze Ukraine.

* * *

Schnee liegt auf dem Vesuv, und Hitze über Fjorden.
Vor zweitausend Jahren bin ich von hier verschwunden.
Aus dem Roten Buch ist der Storch entflogen,
dreht über dem Erdball seine letzten Runden.

Flieg, mein Vogel, umkreise dieses Reich aus Asche,
das mit des Prometheus Feuer nicht umzugehen verstand.
Kein einziger Garten, den der Blick von oben fasste,
denn es gibt kein Grün mehr, so groß nur wie eine Hand.

Die Nacht runzelt des Tages Stirn, Sterne blicken
                                                    verwundert,
ein Komet schaut sich um. Mit Regengüssen beweint
die Erde ihre Leere, die Flüsse ihre Wunden
und kein Ort ist, der die Seele mit ihrem Ursprung vereint.

Noch ist der Name da, der Fluss aber nicht mehr.
Die Weiden sind verdorrt, die Gräben zugeschüttet.
Es flattert aufgeschreckt die Wildente umher,
sucht nach dem Sumpf, in dem sie einst gebrütet.

Ringsum nur Steppe, Hitze, Sommerglut,
nur selten glänzt ein Wasser in der Öde.
Am Himmel kreist ein Storch, ermattet ist sein Flug
sein Nest auf einem Pfahl ragt einsam in die Höhe.

Kehr wieder, Fluss, steh auf, dort wo dein Wasser rinnt!
Die Ufer harren dein, mit aufgesprungenen Lippen,
der Frühling, der den Wiesen bunte Blumen bringt,
und in der Ferne dort der Brücke stählern-heiße Rippen.

Der tote Fluss wird überspannt von einer Brücke.
Am Himmel zieht der Storch die letzten Kreise.
Die Kolben, Kerzen, die das Schilfrohr drücken
stehen entlang der Ufer, der verwaisten.

* * *

Immer schwerer wird es Blüten zu finden
                deren Honig heilsame Wirkung verspricht.
Nicht umsonst hat die europäische Biene
                ihren Nektar aus Andalusiens Blüten geholt.

Und trug den kosmischen Staub in ihren alten Stock.

Wie auch den archaischen Staub aller Bücherspeicher
                dieser Welt.

Der moderne Honig ist bitter,
                stammt aus synthetischen Waben.

Und du wirst deine Klage nicht auf den Telegrafendrähten
                der Gitarre spielen können.

* * *

Der Herbst stellt seinen gold'nen Leuchter auf die
                                               Erde nieder,
legt sich den Mantel um, verschluckt die Tränen,
wickelt den Sommer um der Pappeln Glieder
und näht den nackten Feldern lange Nebelhemden.
Still sickert Regen – Wehmut überkommt mich.
Soll ich dem trüben Schneidermeister danken?
Vom Sommer heißt es Abschied nehmen, unerbittlich,
er lässt die leeren Vogelnester überm Wege schwanken.

Dein Blick hat mir gesagt: es ist die Liebe.
Die Seele legte ihre schwerste Prüfung ab.
Wie stiller Klang aus Bergkristallgefüge
bleibt stets das Ungesagte – ungesagt.

Vom Bahnsteig abgefahren ist das Leben.
Die Stille dröhnt aus dem Lautsprecher herab.
So viele Worte schrieb die Feder in den Jahren
das Ungesagte aber – es blieb ungesagt.

Die Nächte waren hell, die Tage in der Dämmerung.
Das Schicksal drückte oft die Waagschale hinab.
Wie Sonnenstrahlen fielen Worte in den Mund mir
aber das Ungesagte – es blieb ungesagt.

An deiner Stimme satt mich zu trinken,
in diesem verliebten Strom zu versinken
von dessen Freud und Leid berauscht,
von seiner Verrücktheit betrunken.
Erstarren, ohne zu atmen, erlauscht
und plötzlich den Gedanken fallen lassen.
Die Pause, aus der es keinen Ausweg gibt
zu retten mit einem seichten Witz.
Die Worte zu spannen wie einen Bogen
um das Ziel zu treffen noch im Flug,
die Qual, die nicht zu entziffern ist,
die Stummheit, die sich nicht abhalten lässt.
Sich frei und unabhängig geben,
im Schweigen übertreffen. Wer besiegt wen?
Und so ungeschützt und unbegrenzt sich bewegen –
Warten auf deine Stimme!

* * *

Ob Tag, ob Nacht, Sekunde oder Ewigkeit
ob Stille oder Wellenberg und Tal –
aus deinen Augen strömt die Zärtlichkeit
und Lippen glänzen wie von flüssigem Metall.

Dort, wo die Nacht uns Zuflucht finden lässt,
wenn auch die Welt in ihr Verderben rennt –
du drückst mich an die Schulter, fest,
so wie der Geiger fasst sein Instrument.

* * *

Sprich es nicht an mit Wehmut im Blick
was Worte sich scheuen zu sagen.
Nur so kommt Zärtlichkeit auf aus dem Nichts
und Stille vor des Gewitters Entladung.

Ob du mein Traum bist, das Bild meiner Phantasie
oder bloß der schwarzen Stirne Magie ...
Wie eng der Regenbogen, der uns verband!
Wie weit der Abgrund, der zwischen uns bestand!

* * *

Der Abend fliegt vorbei, dem Vogel gleich,
der an der Stadt mit blauen Schwingen streift.
Wir aber gehen, ohne es zu ahnen,
demütig vorwärts, in die dunklen Flammen.

Das ist Hypnose, ist des Abgrunds Reiz,
des Durstes Ströme, die in der Kehle brennen,
wenn Lippen, glühend heiß, dann kalt wie Eis
nicht mehr ein einzig' Wort aussprechen können.

* * *

Was war das bei uns? Liebe und Sommer,
Sommer und Liebe, von Sorgen frei.
Und das war alles, und wenn man's genau nimmt
ist das nicht so wenig – wir waren ja zwei.
Der August wird unsere Nächte ernten,
der September lässt den Donner grollen danach
und der Himmel hat aus gläsernen Sternen
absonderliche Winter hervorgebracht!
Wieder umkreist eine Hummel die Blüte,
den Sommer spielen wir im Lotto ein.
Und wieder strickt er mit Nadeln Gerüchte
mit hundert Händen, doch keine will es gewesen sein.
Im raschen Wirbel dieser Tage,
wo alles auf sein Ende blickt
befreit die Seele sich von ihrer Plage –
ein Vogel, der auf einem Draht sich wiegt.

* * *

Die Sünde der Glückseligkeit zur falschen Zeit
zieht Reue nach sich, Bitterkeit, Verdruss.
Auf einer Bahn, die sich zum Absturz neigt
bin Frau ich nur, beflügelt wie ein Ikarus.

Es schmilzt das Wachs – ich stürze ab ins Meer
tauche ganz ein, so wie ich in dir weile.
Mit dieser Leidenschaft geht eine Qual einher
die nur mit deiner Zärtlichkeit ich heile.

Der Herbst malt seine Muster an die Scheiben.
Vergessen, das ist alles, der Blick zurück ist uns verstellt.
Du willst den tödlichen Parcours nicht meiden.
Wir kamen aneinander nicht vorbei in dieser Welt.

* * *

Du meine Stadt, Alt- und Vorstadt in einem!
Für die Menschen eine Bleibe aus Asphalt und Beton.
Was immer dort sein mag, sicher ist nur eines –
das Stadtbild im Fenster, mit seinem goldenen Ton.

Da geh' ich herum, geh' vorbei manches Mal.
Vielleicht auch auf ewig, doch nicht darum geht es –
Nicht schmelzen soll es, wie ein Eiskristall,
das Stadtbild im Fenster, das von Gold unterlegt ist.

Wie viele Netze hat meine Seele zerrissen!
Vom Meer und vom Land – nach Hause führt der Weg!
Dort, wo wir um dieses Stadtbild wissen,
das Stadtbild im Fenster, von Gold geprägt.

Und wieder ein Prolog

Der Tag ist mein, der Augenblick,
      die Ewigkeit zu guter Letzt.
Das Glück war mein, ich habe gegen das Unglück es ge-
tauscht.
Hab' mit dem Blau der Regengüsse
      hunderte Male dich benetzt
Ging hundert Mal als Hyazinth der Sonne auf nur über dir.

Wir stehen, ich und du, uns wehrlos gegenüber
und unsere Liebe gleicht
      dem ersten Abendmahl.
Ein jeder Morgen wurde Nacht, die Nacht floss in den
Tag hinüber.
Ein jeder Tag vom Glück ein bitt'rer Vorgeschmack.

Und jetzt? Mein Herz wird ewig Qualen leiden.
Meine Erinnerung versengt am Glutherd meiner Gram.
      Wenn du nur wüsstest, wie so unerträglich süß ich
      dich liebgewonnen hab' von Anfang an.

* * *

In einer Anti-Welt
       bin ich ein Anti-Held
der alles sieht mit anderen Augen
und meine kleine Mutter Erde
nur für ein Körnchen Mohn im Kosmos hält.

Dort siebt die Kassiopeia ihre Sterne.

Dort trinkt Aldebaran die Milch aus dem Gestirn.

Und meine Seele will die finsteren Wolken
wegschieben von der Erde Stirn.

* * *

Auf alten Fotos sind wir alle jung.
Nach Jahren ruft der Mensch nur mehr nach
                                    seinesgleichen.
In traurigen Pupillen, wie in schwarzem Grund
spiegeln sich Menschen, Bäume und Gesichter.

So und so oft hat Schnee sich auf das Feld gelegt,
kam nicht derselbe Storch von seiner Fahrt zurück.
Und an der Kasse tippt ein Buchhalter den Beleg
für jeden uns geschenkten Augenblick.

Weiß die Gesichter über schwarzem Wassergrund,
unwiederbringlich bleiben auf ewig sie erhalten.
Auf alten Fotos sind wir alle jung.
Auf alten Fotos sind auch Tote lachende Gestalten.

* * *

Das Tempo ist verrückt, die Zeit ist uns genommen.
Sie übertrifft die Träume von Jules Verne im All.
In unseren Adern ist das Blut der Gegenwart geronnen,
geformt hat uns der Zeitgeist aus Metall.

Verloren haben wir die Seele an die Menschheit, die Epoche.
Warum ist sie so plötzlich aufgeschreckt
vor Herbstäpfeln, die nach Keller rochen,
vor Mutterhänden, die uns Äpfel zugesteckt?!

* * *

Weit weg auf den Feldern, hinter den Windmühlen
hinter dem Nebel, den Jahren, den wehmütigen
Gefühlen –

Hinter dem Nebel, den Jahren, den wehmütigen
Gefühlen –

gibt es weder Bushaltestelle noch Post –

Dort steht meine Mutter an verlassenen Wegen
flicht in ihre Zöpfe den Regen.

Es lässt der Hebst die Vogelbeere sinken
über des Klosterbrunnens Rand.
Einst kamen Nonnen hierher, um zu trinken,
das kühle Nass zu schöpfen mit der Hand.

Mir träumt von ihren Silhouetten
aus reiner Trauer, Frost blüht im Gesicht.
Es ist ein seltsam' Volk von Malern und Poeten,
was immer sie ersehnen, gibt es nicht.

Und was nicht sein wird, sehen sie im Traum,
sind einmal weise, dann wieder wie ein Kind.
Auf einem Silberseil im Zwischenraum
tanzen die Schatten unsres Daseins, unbestimmt.

Hier ist die Welt – und hier die Bagatelle,
ein Hauch von Nebel in der hohlen Hand.
Am Brunnenrand zum Schöpfen liegt die Kelle,
die reife Last der Beeren streift den Rand.

* * *

Schneeflocken sitzen auf der Stille Wimpern,
grimmig der Blick des Winters darunter wie Eis.
Die Wege und die Pfade, wie die kleinen Kinder
suchen am frühen Morgen nach Spuren im Weiß.
Im Schnee liegt das Dort wie ein Krug von Kristall,
zu silbernen Adern gefroren sind die Quellen.
Die Bäume tragen weiße Beschläge überall,
der Frost lässt ihnen die Brauen anschwellen.
Ein weißer Wind zerrt gewaltig an ihren Ästen.
Sie bahnen sich, tief gebeugt, ihren Weg.
Die Rabenschar, schwärzer als schwarz und krächzend
zerhackt den Rest der Sonne vom Feld unterlegt.

Seit Kindestagen lieben mich die Bäume alle

Seit Kindestagen lieben mich die Bäume alle
und es versteht der Gott des Flieders mich, der Pan,
so dass die Weide, glänzend von Kristallen,
mir ihren Gruß sagt, durch den Tann.

Warum erwarten mich die Wälder wieder
und wollen Sommerlicht und Morgenröte zeigen?
Ich liebe sie, ich kenne ihre Lieder
ich spreche ihre Sprache auch im Schweigen.

Zum Abschied bläst der Kranich die Posaune,
und eine blaue Abflugs-Suite klingt an ...
Der Regen spannt die Saiten nach des Herbstes Laune
die Weide rührt mit ihrem Finger dran.

Sie greift an die Harfe behutsam und leise –
ihre Arme hat der Nebel verschluckt.
Spiel mir das Lied von der Liebe, die Weise,
ohne die sich das Wort in der Kälte duckt.

Spiel mir die Klage der herbstlichen Vogelbeere,
spiel mir alles, was ich von dir begehre.
Ich werde dir nicht den Schlüssel der Geige,
sondern den des Kranichs an den Himmel schreiben.

* * *

Ich gehe in den Garten, der schwarz und dürr da liegt,
aus dem schon lang kein Apfel mehr gelacht.
Den Seidenton eines tänzelnden Schritts
hat ihm der Herbst zum Andenken vermacht.

Hier wuchs ich auf, in diesem Garten, und er
hat mich erkannt, aber nur zögerlich begrüßt.
Im Kreislauf der Veränderung, bei der er
der alte bleibt, auch wenn dort neues Leben sprießt.

Und er fragt mich: was bist du nicht zu einer
Zeit gekommen, da ich in Blüte stand?

Und ich sag ihm: du bist für mich derselbe,
den ich heute, gestern und immer gekannt.

Nicht bin ich gekommen, Pflaumen einzustreifen,
aus deinen Früchten ziehe ich keinen Gewinn.
Es kommen Fremde gelockt von deinem Reichtum.
Ich aber komme, wenn deine Pracht verwelkt ist, dorthin.

Das sind die Rechte, die ich mir erbitte
da die Sonne schon hinter den Wolken verschwunden
und der Garten mit ausgetrockneten Lippen
goldene Worte des Abschieds gefunden.

* * *

Ich danke für den Herbst euch, alte Eichen,
die Vögel sind verzogen, die Freude flog davon.
Und doch ist's mir, als würde mich erreichen
der Purpurkleider Klang von einem Fürstenthron.

Du meine Fürstin, gehst dahin zu sterben,
erhaben ist dein Angesicht, doch voller Gram.
Ich weine, kann die Tränen nicht verbergen.
Auch dafür, Eichenbäume, sei euch Dank!

* * *

Macht keinen
    Macht keinen
        Macht keinen Punkt über dem »i«
Und wenn ihr einen schon gemacht habt
    so dreht es schleunigst um, den Kopf nach unten
damit es noch zu einem Rufezeichen wird!
Dann wird kein Wind mehr
        die schwarze Flamme auf der Kerze löschen
        auslöschen diese schwarze Flamme
Gut kann ich diese Kerze mir vorstellen
      in einer toten Wahrheit Hand.

Es hat der Satan sich bekreuzigt.

                 Das war es.

Dann hat er nochmals sich bekreuzigt.

                 Das war es.

Dann hat er lang gepredigt.

             Man hat ihm gerne zugehört.

Dann griff er nach dem Kreuz zu segnen

          und alle kamen sie gelaufen.

Beim Schein des Feuers in der Hölle

          hat er den Teufeln es erzählt –

          die hielten sich den Bauch vor Lachen.

Wir sind verwundete Menschen, zutiefst getroffen.
Wer aber sind die Mörder? Der nicht, und auch nicht jener.
Sie sind da, sie sind nicht da, es bleibt alles offen.
Die uns ans Leben wollten, sind nicht zu erkennen.
Der Baum des Denkens hat geboren – Zitate. Nichts
          als Zitate.
Unser Geist ist erschöpft, stumm in der Welt von heute!
Wer gibt uns das Leben zurück? Wer kann uns raten?
Die, die uns umbringen wollten, sind schon andere Leute.

* * *

Bis auf den Grund bin ich gesunken, über mir bleischwere
Wasser.
Der Weiden stille Schatten spülen den Weg fort vor
meinem Schritt.
Nach Atem ringend, wie der Freiheit Flamme unstet
flackernd,
bin ich verstummt wie eine Glocke, die der Feind vom
Turme schnitt.

Im Sand vergraben, dass vielleicht später, in Zeiten,
die noch kommen
jemand an mich denkt, sich erinnert und leise meinen
Namen ruft.
Fische, seltsam anzusehen, Betonreste in der Tiefe,
oben Wolken –
all das schwebt über mir, schwimmt über mir in meiner
Wassergruft.

Meine Kirche seh' ich träumend, träume von der
Kuppeln Gold,
von Kreuzen abgebrannten Glaubens in des Himmels
Weite.
Hier ist es eiskalt, aber der Boden ist von falschem
Sumpfe frei.
Ist doch die Tiefe nur der Höhe Schwester von der
anderen Seite.

Vergessen hab' ich meine Stimme, das Verstummen muss
ich lernen.

Über dem Fluss die Eisschicht – keine Welle, keine Wolke
kommt da auf.
Dafür ist eines sicher: vermodert sind die Stricke,
und kein Glöckner wird,
wenn es nicht meine Ostern sind, an meiner Glocke zerren.

* * *

Umgib mich Wald, wie den Fürsten in der Legende,
da sein Pferd getötet ist und er sich kaum noch auf den
Beinen hält.
Umgib mich Wald, dass der Verfolger Meute sich abwende
und deren Ingrimm an den Stämmen der Bäume
zerschellt.

Mit dir will ich sein, nur mit dir sein will ich in der Stille.
Neige du dich mir zu, schenk mir eine Handvoll Beeren
von hier.
Den Blick auf die Sonne gerichtet, neige ich mich vor
der Eiche
und frage sie, die Bekannte, nach den Fichten, den Vögeln,
dem Getier.

Haltet ein, ihr Verfolger, alle so grausam und
wohlgenährt.
Ich entkomme euch nicht, nehme mein Schicksal entgegen,
und wenn ich, eine Frau, euch entgegentrete, unbewehrt,
da weicht ihr zurück, wisst nicht warum, und seid verlegen.

* * *

Hier, sagt man, ist ein Berg, wo keine Vögel singen.
Weh diesem Berg, wehe den Wäldern dort!
Die Jäger, sagt man, stellten einst mit ihren Schlingen
den Vögeln nach, vertrieben sie von diesem Ort.

Und als ein Jäger von den kleinen Sängern einen
                                        umgebracht,
verstummten alle anderen, im ganzen Wald kein Laut
und nur die Spinne, sagt man, hat weiter an ihrem Netz
                                        gebaut.
Weh dir, o Berg, schwer trägst du an der Vogelstimmen Last!

* * *

Leben ist Fülle und Falle zugleich, ist Leere.
Ein Traum von sich selbst, für den die Zeit nicht reicht.
Und der Tod ist vielleicht auch nur als Urlaub gedacht
den man im Labyrinth dieser Intrigen verbracht.
Vielleicht ist das alles nur eine Schießbude unter
                                    dem Himmel?
Häuser, Bäume, Menschen, Vögel, Gewimmel –
Wo bisweilen ein unsichtbarer Held
kommt um zu schießen, ganz wie es ihm gefällt.

Breughels »Sturz des Ikarus«

Die Sonne versinkt hinter dem abendlichen Teich,
eine Wolke zieht vorüber, Schwanenfedern gleich.
Eine Biene summt. Hinter dem Pflug geht der Pflüger,
gestützt steht der Hirt auf den Stab in seiner Hand.
Mit geschwellten Segeln zieht ein Schiff vorüber,
ein Fischer zieht einen Barsch an Land.
Über dem Meer breiten Vögel ihre Schwingen,
endlos weit dehnt sich der Horizont.
Ein Schaf lässt sich nicht ins Gehege zwingen.
Die Wellen schlagen ans Ufer wie gewohnt
da – ein Schlag aufs Wasser; ganz in der Nähe
der Hirte dreht sich um – der Pflüger hat nichts gesehen.

Fast eine Übersetzung aus dem Provençalischen

Ich bin ein Ritter, Dichter und kein Tunichtgut.
Ich diene keinem fremden Herrn.
Im Glanz der Klinge lese ich ein altes Buch
die Dame meines Herzens liebe ich von fern ...

Wenn mir auch nicht die Freunde fehlen,
so weiß ich dennoch, was die Liebe ist.
Will nicht im Wirtshaus lang davon erzählen,
wie ich mich zu ihr in die Kemenate schlich.

Er ist der König, wir sind die Vasallen,
Auch ich bin sein Vasall, es musste wohl so sein.
Mit einer Ode wollte mancher ihm gefallen,
Nur ich schrieb kein Gedicht, stimmte ins Lob nicht ein.

Auch wenn ich mit dem König nicht in Frieden lebe,
weil ich zu seinem Ruhm nicht Oden schreiben will,
so will ich doch den Freunden nicht nach ihrem
                              Munde reden,
mit ihnen lästern: Der König ist ein Blödmann – still!

Ich lasse mich nicht kaufen, nicht verkaufen,
die Seele biete ich am Markt nicht an für Geld.
Ich schwöre nicht, weil ich auch nicht verrate,
das hab' in mancher Schlacht ich unter Beweis gestellt.

Viel bin ich durch die weite Welt vaziert,
nun bleib' ich hier, es gibt kein besseres Land für mich.
Ich habe keine Angst vor dem, der in den Schenken
                              denunziert,
denn alles, was ich denke, sag' ich dem König ins Gesicht.

Grau ist die Stadt, ein Alptraum aus Beton,
sie stinkt nach Teer, und mittendrin
bin ich, gekrönt vom toten Neon,
Prinzessin hier, der Metro Königin.

Stränge von Schienen fliehen in die Dunkelheit.
Im Donnern einer hochmodernen Ära
such' ich bei euch Geborgenheit,
den Pfeilern dieser U-Bahnhöhle.

Wie ist von Hetze meine Zeit erschöpft,
auch wenn ich davon nicht ganz aufgerieben werde.
Vielleicht flieh' ich in einen Waggon zuletzt,
oder verkrieche mich unter die Erde.

Möge der Drache sich winden und bäumen
in den Nischen der Marmorfassade.
Diese verrückte Welt ist nicht meine,
aber ich muss das alles ertragen.

Was war mit des Adams Rippe nicht so,
dass Gott dem Menschen eine Frau gegeben?
Ich bin die kleine Prinzessin der Metro,
muss in den Höhlen des 20. Jahrhunderts leben.

Lemberger Tauben

Ein schwarzer Schatten fällt nach unten, pfeilgerade –
ein weißer Vogel steigt zum Himmel rasch empor.
Und oben krönt die Umrisse der Kathedrale
ein Fries aus Sonnenstrahlen, eine Taubenspur.

Die Straßen hallen wider von den Menschentrauben,
wie greise Schultern heben steile Dächer sich.
Über der Stadt beratschlagen die Tauben.
Worum es geht? Um ernste Dinge, sicherlich.

Um diese Kathedrale, um die Menschheit, um den Krieg.
Die große weite Welt, des Himmels Fernen.
Vielleicht sagt einer, der selbst weit geflogen ist,
zu seiner Taube: hast du mich denn auch vermisst?...

* * *

Schneetreiben. Ein weißer Flor verklebt die Scheiben.
Antennen fangen Wellenreste in den Höhen.
Im Takt des Walzers drehen Bäume sich im Reigen,
den weißen Walzer tanzen Sturm und Böen.

Soll Schnee doch fallen, am Abend klingen die Musik,
mein Herz wird das Geborgte zurückgeben.
Legt eure Äste auf die Schultern mir bei jedem Schritt
und schüttelt ab den Schnee von meinem Leben!

Ich lieb' euch dafür, dass ihr Bäume seid,
dass ihr zu mir gekommen seid, bei mir zu bleiben.
Es hält der Winter an, eisklar, im frostigen Kleid,
und Flocken treiben, treiben, treiben ...

Heiligabend

Der Frost malt Blumen an die Scheiben,
der Duft der Grütze aus dem Ofen dringt.
Die Gottesmutter auf den Bildern
hüllt in ihr Kopftuch ein das Kind.

Mein Sohn, bleib noch ein bisschen Kind,
der Kindheit gold'ne Tage sollst du fassen.
Wo später Dornen stehen, weht jetzt noch ein Wind,
noch ist das Holz zum Kreuze nicht gewachsen.

Noch ist die Zeit nicht da, das Ende fern
und Judas schläft noch, gut gewickelt
unter demselben Weihnachtsstern
ganz in der Nähe in der Hütte.

Die Weisen huldigen, sie bringen Gaben dar.
Vielleicht wird alles sich zum Guten wenden.
Messias bist du zwar auf Golgotha,
Ein Kind jedoch auf deiner Mutter Händen.

* * *

Über die Erde streicht ein Wind, ist nicht zu spüren
und küsst den Apfelbäumen sacht die Hand.
Wie sind wir jetzt so gut und leicht zu rühren,
wie sind wir wehrlos und verkannt!

Wir wissen alles, auch was wir nicht wissen wollen,
fremd sind Skandale uns, wir machen keine Szenen
und weil die Seele sich davon nicht unbelastet zeigt
blickt sie auf alle, alles nur durch Tränen.

Am Morgen liebe ich den Ruf der Tauben.
Verdrängt ist das Gekreisch der ersten Straßenbahn,
vergessen ganz und gar, verstummt.

Am Morgen liebe ich den Ruf der Tauben.

Ist's möglich, dass sich dieser Laut
in mir breit macht als Grundton der Natur
wo helle Sterne glänzen über feuchter Flur?

Am Morgen liebe ich den Ruf der Tauben!

Ich warte auf des Wortes selt'nen Klang
auf meines Volkes Dornenkranz
die heiße Stirn gepresst an kalte Scheiben.

Am Morgen liebe ich den Ruf der Tauben …

* * *

Sie sollen warten, die Dinge, die keinen Aufschub leiden,
ich will mich sattsehen an der Sonne, den Gräsern auf
den Weiden.
Will reden mit den Menschen, den Guten, die ich sehe,
denn nicht die Zeit vergeht, wird sind es, die vergehen.
Wir aber vergehen, vergehen ... einfach so
und die Zeit, die schlägt nur den Takt dazu.
Tick-tack, tick-tack, und das ist die Tragik dabei,
sie ist nicht Minute, sie ist Jahrhundert und Ewigkeit.
Der Tag, die Nacht, der Abend kurz und der Morgen lang
sind Meilensteine am Weg in den Untergang.
Sind nur Augenblick, Bruchstück, Fragment.
Der letzte Ton klingt aus in der Weite –
Schau hin: die Zeit, der große Dirigent
blättert die Noten um, Seite für Seite.

* * *

Die Zukunft hat begonnen schon vielleicht.
Sie ist schon da, pass auf, dass du sie nicht verpasst!
Auf das, was unvergesslich ist, vergisst man leicht
es ist vom Reif schon eingefasst.

Was kostbar ist, das sollst du nicht entwerten
und in der Menge verlier' nicht dein Gesicht.
Das Unverwechselbare sollst du nicht eintauschen
für das, was hundert Mal ersetzbar ist!

Frondisten, Girondisten sind schon lang verschwunden,
was laut und ruhmreich ist, vergeht.
Wenn du der Mona Lisa Lächeln hast gefunden,
Dann hast du etwas, das besteht.

Das Gras zu lieben, das ein Teil der Schöpfung ist,
die Sonne dann, das Licht des nächsten Tags.
Den Funken, der in des Abends Asche nicht verlischt,
das edle Pferd und seinen leichten Trab.

Wenn Du im Zug fährst blitzesschnell,
wenn das Verschwinden unvermeidlich scheint,
denk an ein Marienbild von Raffael,
das aus der Zeit blickt in die Ewigkeit.

Zur Zeit des Spitzensports und der Synthetics,
in der die Menschheit förmlich explodiert,
bedarf es wohl des Fingerzeigs der Ethik,
der Herz und Lippen gleichermaßen rührt.

* * *

Mein Glück ist, dass ich noch etwas Himmel habe,
der Blick aus meinem Fenster auf zwei Fichten fällt.
Denn schon schien es, dass meinem müden Leben
jede Regung, jede lebendige Empfindung fehlt.

Schon wusste ich nicht mehr, an welches Ufer mich
zu retten
und meine Seele war ermattet, abgestumpft mein Ohr;
im Lärm des Tages, im Dröhnen von Asphaltkonzerten
waren wir nur mehr Stimmen im Taubstummenchor.

Da, o mein Gott! Nach diesem Wirbel völlig unerwartet
und nach dem großen Lärm um mir nichts, dir nichts
fällt Regen auf das Fensterbrett, singt leise eine Wahrheit:
Dass ich jemanden liebe, der weit weg von mir ist.

Und eine Stille höre ich, vernehme, wie die Vögel singen.
Ich sehe Menschen, die vorbei gehen, schön und voll Glück.
In einer Wolke schwebt ein feiner Duft über den
Regenrinnen,
der Nebel hebt sich, bringt den Himmel auf die Erde
mir zurück.

Schatten von lang verschwundenen Pferden auf den
Dächern –
auf Zehenspitzen nähern Dämmerung sich und Träume.
Der Frühling füllt mit Wein der Tulpen Becher,
ich trinke auf den Himmel, auf die Fichten, die mir
treu sind.

* * *

Tal der Tränen, du meine Erde, mein Planet,
blauer Stern im Fluss der Zeiten,
weiße Welt, die ihre Netze um mich legt –
Ich leide, vergehe, aber ich lebe weiter!

Ich leide, ich lebe, muss vergehen zu guter Letzt
gepriesen sei der Schmerz, den die Netze bereiten.
Der Mensch, der im All nur ein Quäntchen Wärme
                                    besetzt,
im Weltall – im Planetarium der Gezeiten.

Berestetschko
(historisches Poem, Ausschnitt)

Was wartest Du? Bei Gott auf welche Gnade?
Auf deinen Waffen wächst das Moos.
Und das ist alles. Eine solche Niederlage
macht hundert andere Siege ungeschehen!

Nacht ist's, bald wird der Morgen blenden.
Der Weg der Karawane dämmert noch – steig ab!
Wer wird dir helfen, dummer Tor?
Der Zar aus Moskau, der Fürst von Transsilvanien?
Der Khan der Horde? Der Karaiten List?
Sultan Mohammed? Kolben schwer von Mais?
Da liegt im Schmutz sie, deine Ukraine
lässt ihre Arme hängen, wie auf allen Wegen.
Was nun? Was tun, was neu beginnen?
Wo keine Macht, kein Heer, kein Siegel mehr.

Ist meine Schuld, ist meine Sünde vor den Leuten.
Und doch war alles nur für uns.
Warum denn haben wir verloren?

* * *

Gekreuzigt wurde Christus nicht nur einmal,
es war auf Golgotha das erste Mal, gewiss.
Er starb am Tod, vielleicht auch an Missachtung,
hatte das Leben nicht beklagt, das er verließ.
Dann kreuzigten sie ihn auf der Leinwand
in Marmor, Gips und anderem Gestein.
Und schlugen ihn zu guter Letzt in mir
und auf der ganzen Welt ans Kreuz.
Sie aßen seinen Leib, tranken sein Blut, den Wein.
Ein Jahr noch, zehn, sollte es ewig währen?
Sein Bild wird unterm Ladentisch verkauft,
sie lassen ihn, den Menschen, niemals sterben.
Wohin soll ich nun gehen, wo find' ich mein Zuhaus?
Wo ist in dieser Welt auf das gelobte Land zu hoffen?
Kasernen sind im Garten von Gethsemane gebaut
und alle Völker stehen wie eine Wunde offen.

* * *

Mein Leben ist mein Beitrag zu des Kummers Kapital.
Vollständig einbezahlt – ein für alle Mal.
Die Seele blickt aus Bildern gemalt in alten Tagen,
sieht alles. Schweigt dazu. Wird alles weitertragen.

* * *

Die Seele ist der einz'ge Staat auf dieser Erde
        wo Freiheit rein ist wie Ozon.
Der Seele Grenzen sind über der Welt gezogen
dort gibt es keine Linien der Demarkation.

* * *

Ich hätte gern ein Wunder und ein bisschen Wein.
Es fliehn wie graue Bahnsteige vor mir die Tage
und einen schwarzen Blumenstraß von Raben
bringt in die Stadt die Ebene der Vorstadt ein.
Des Lebens Zeit hab' ich verbracht, Tag aus, Tag ein.
Hab' sie genutzt, war Mensch in jeder Lage.
Wie Sonnenblumenkerne hüpfen weg die Tage.
Gern hätte ich ein Wunder und ein bisschen Wein.

Solang es diese Fessel gibt, gilt es sie abzustreifen.
Wo sei ihr hin, meiner Idylle gold'ne Tage?
Der Sommer summt, der Herbst lässt Töne reifen,
Enttäuschung windet sich zu schwarzer Klage.
Was blieb von meinen Worten? Hohler Klang?
Und wieder dreht die Ukraine sich im Kreis
ringsum und noch einmal im Nirgendwann?!
Gern hätte ich ein Wunder und ein bisschen Wein.

* * *

Von einem Weg hat mir geträumt, mehr war da nicht
                                        zu sehen.
Wohin er geht, woher er kommt – ich weiß es nicht.
Von einem Weg träumte ich, nicht von Straßen, Alleen,
ein Weg, auf dem ich gehe, auch wenn er ungewiss.

Es ist, als ob in der Steppe irgendwo ein Feuer aufglüht.
Vielleicht, dass meine Mutter dort stumm an der Schwelle
                                                    steht.
Vielleicht ist das schon der Weg, den die Karawane zieht –
ein Weg vielleicht nur, ein Weg selbst auf dem Weg.

* * *

Die Seele will zurück zu dem, was in Ruinen liegt,
dorthin, wo in der Zwischenzeit schon Blumen blühn.
Ich höre Stimmen, die nicht zu vernehmen sind
                   mitten im stummen Stimmenmosaik.
Das alles gab es in der Welt vorgestern schon
und vorsintflutlich ist das Eis, das in der Zeit Pupille glüht.

In mir ist jemand, und ich frage – wer das ist.
Ich weiß es nicht, vielleicht ist er mit mir verwandt.
Mich leitete ein Philosoph, führte mich an der Hand
herum in einem Garten, ganz absonderlich.

Der Sonne Licht verlor sich im Gebüsch.
In Rom regierte Titus oder Nero.
Ich aber lebte damals fern in Syrakus,
aus meiner goldenen Feder flossen Verse.

Ich bin ganz ich, bin nirgendwo daheim.
Die Seele fliegt im Widerschein der Zeit.
Wo auch ihr Weg begann, ist ungewiss.
Weiß Gott allein, wo er zu Ende ist.

* * *

Ich lausche diesem Regen, den der Himmel schickt,
dem Wasser auf dem Blech, wo sich die Tropfen scharen.
Jetzt ist das nur ein Augenblick, ein Augenblick,
Doch kaum hab' ich mich umgeblickt, so sind es Jahre,
Jahre!

Jahrhunderte sind es, doch niemand weiß davon.
Im Dunkel meines Herzens, in kosmischen Abgründen.
In Regenschleiern, einem glasklaren Velon,
Such' ich die Lebenden, will von den Toten künden.

Den Wäldern gilt mein Kuss. Mein Dank dem Geiger, der
mit seinem Spiel euch meine Gegenwart gebracht.
Ich bin der Baum, der Schnee, bin alles, was mir teuer ist.
Das ist mein Wesen, meine beste Eigenschaft.

www.wieser-verlag.com